Le Premier liure

DE LA METAMOR-
phose D'Ouide, trans-
late de Latin en Fran-
cois par Clement
Marot.

A Lyon: au Logis de Monsieur Dolet.
M. D. XXXVIII.
Auec priuilege pour dix ans.

STEPHANVS DOLE-
TVS IN LIBRVM PRI=
MVM METAMORPHO=
SEOS OVIDII GAL=
LICVM FACTVM
A CLEMENTE
MAROTO.

Mirum fuit, quæ narrat Ouidius, corpora
 Alia in alia tam mirificè
Mutata: sed nihilo minus mirum est, Librum
 Ouidij tam mirificè
Versum ingenio Maroti, ut æquet Gallico
 Sermone sermonem Latium:
Acquet ξ superet potius Poëtam principem
 Longè omnium Versu facili,
Venaq; diuite, seu canat Amoris iocos,
 Seu quidpiam aliud grauius.

Fueil. ij.

AV TRESILLVSTRE, ET TRES
chrestien Roy des Francoys premier de ce
nom, Clement Marot de Chaors
en Quercy, treshumble salut,
et deue obeissance.

Ong temps auant, q̃ vostre liberalité Royalle m'eust faict successeur de l'Estat de mon Pere, le mien plus affectionné (& non petit) desir auoit tousiours esté (Sire) de pouuoir faire Oeuure en mõ labeur Poëtique, qui tant vous agreast, que par sa ie peusse deuenir (du soit) le moindre de voz Domestiques. Et pour ce faire, mis en auant (comme pour mon Roy) tout ce, que ie peu, & tant importunay les Muses, qu'elles (en fin) offrirent a ma Plume inuentions nouuelles, & antiques, luy donnant le choys, ou de tourner en nostre lãgue aulcune chose de la Latine: ou d'escrire Oeuure nouuelle par cy deuãt nõ iamais veue. Lors ie cõsideray, q̃ a Prince de hault Esprit haultes choses affierent, & tant ne me siay en mes propres inuentions, que pour vous trop basses ne les sentisse. Parquoy (les laissant reposer) ietté l'Oeil sur les sturces Latines: dont la grauité des sentences, et le plaisir de la lecture (si peu que ie y cõprins) me ont espris mes esprits, mené ma Main, & amusé ma Muse. Que dy ie, amusée? Mais incitee a renouueller (pour vous en faire offre) l'une des plus Latines Antiq́tez, et des plus Antiques Latinitez. Entre lesquelles celle de la Metamorphose d'Ouide me sembla la plus belle, tant pour la grande doulceur du stille, que pour le grand nombre des propos tumbans de l'ung en l'autre par lyaisons si artificielles, qu'il semble que tout ne soit qu'un. Et toutesfoys, aiseement (et peult estre, point) ne se trouuera Liure, qui tant de diuersitez de choses racompte. Parquoy (Sire) si la nature en sa diuersite se resiouyst, sa ne se

a ij

debura estre melencolier. Pour ces raisons, & aultres maintes deliberay mettre ma main a la besongne: & de tout mõ pouuoir suyure, & cõtrefaire la veine du noble Poëte Ouide: pour mieulx faire entendre, & scauoir a ceulx, qui n'ont la langue Latine, de quelle sorte il escriuoit: & quelle differẽce peult estre entre les Anciẽs, & les Modernes. Oultre plus, tel lit en maint passage les nõs d'Apollo, Daphne, Pyramus, & Tisbee, q̃ a l'Hystoire aussi loing de l'esprit, que les noms prés de la bouche: ce que pas ainsi ne iroit, si en facile Bulgaire estoit mise ceste belle Metamorphose. Laquelle aux Poëtes Bulgaires, & aux Paictres seroit tresprofitable: & aussi decoration grãde en nostre langue. Veu mesmemẽt, que l'arrogance Grecque la bië voulu mettre en la sienne. Or est ainsi, q̃ Metamorphose est vne dictiõ Grecque, Bulgairement signifiant transfformation. Et a voulu Ouide ainsi intituler son Liure, contenãt quinze Volumes, pource qu'en iceluy il trãsforme les vngz en Arbres, ses aultres en Pierres, les aultres en Bestes, & les aultres en aultres formes. Et pour ceste mesme cause ie me suis pensé trop entreprendre de vouloir trãsmuer cestuy, q̃ les aultres trãsmue. Et apres, i'ay cõtrepensé que double louãge peult venir de trãsmuer vng Trãsmueur, cõme d'assaillir vng Assailleur, de trõper vn Trõpeur, & mocquer vng mocqueur. Mais pour rẽdre Oeuure presentable a si grãde maieste, fauldroit premieremẽt que vostre plusque humaine puissance trãsmuast la Muse de Marot en celle de Maro. Toutesfois telle qu'elle est, soubz la cõfiance de vostre acoustumé bon recueil, elle a (par maniere d'essay) traduict & parachevé de ses quinze Liures le Premier: dont au Chasteau d'Amboise vous en pleut ouyr quelqeque commẽcemẽt. Si l'Eschãtillon vous plaist, par temps aurez la Piece entiere: car la plume du petit Ouurier ne desire voler sinõ la, ou le vẽt de vre royalle bouche la vou- dra pousser. Et a tant me tairay: Ouide veult parler

Fueil. iij.

L'INTENTION DU POETE.

RdAnt desir d'escrire ung hault
Ouurage
M'a viuement incité le courage
A reciter maintes choses formées
En autres Corps tous nouueaux
transformées,
Dieux souuerains, qui tout faire
sçauez,
Puis qu'en ce point changées les auez,
Donnez faueur a mon commencement,
Et deduysez mes propos doulcement,
A commencer depuys le premier naistre
Du Monde rond, iusque au temps de mon estre.

Chaos mué en quatre Elemens.

Auant la Mer, la Terre, & le grand Oeuure
Du Ciel tresbault, qui toutes choses coeuure,
Il y auoit en tout ce Monde enorme
Tant seullement de Nature une forme,
Dicte Chaos, ung monceau amassé
Gros, grand, & sourd, nullement compassé,
Brief, ce n'estoit qu'une pesanteur vile
Sans aucun Art, une Masse immobile:
La ou gisoient les semences encloses,
Desquelles sont produictes toutes choses,
Qui lors estoient ensemble mal couplées,
Et l'une en l'autre en grand discord troublées.
Aulcun Soleil encores au bas Monde
N'eslargissoit lumiere claire, & munde:
La Lune aussi ne se renouuelloit,
Et ramener ses Cornes ne souloit

B iij

Le Premier Liure

Par chascun moye. La terre compassée
En l'Air espois ne pendoit balancée
Soubz son droit poiz. La grand Fille immortelle
De l'Occean, Amphitrite la belle
N'estendoit pas ses Bras marins encores
Aux longues Fins de la Terre, ainsi que ores:
Et quelque part ou fust la Terre, illec
Estoit le Feu, l'Air, & la Mer auec.

   Ainsi pour lors estoit la Terre instable,
L'Air sans clarté, la Mer non nauigable,
Rien n'auoit forme, office, ne puissance:
Aincois faisoit l'ung aux aultres nuysance:
Car Froid au Chauld menoit guerre, & discordes:
Sec a l'Humide, & le tout en vng corps.
Auec le Dur le Mol se combatoit:
Et le Pesant au Legier debatoit.

   Mais Dieu, qui est la Nature excellente,
Appaisa bien leur noyse violente:
Car Terre adoncq du Ciel desempara,
De Terre aussi les Eaues il separa,
Et mist a part, pour mieulx faire leur paix,
Le Ciel tout pur d'auecques l'Air espais.
Puys quand il eut desmeslez, & hors mys
De l'orde Masse iceulx quatre Ennemys,
Il ba lyer en concorde paisible
Chascun a part, en sa place duysible.

   Le Feu sans poix du Ciel courbe, & tout rond
Fut a monter naturellement prompt,
Et occupa le degre plus haultain.
L'Air le suyuit, qui n'en est pas loingtain,
Ains du cler Feu approche grandement
D'agilité, de lieu semblablement.

   En espoisseur la Terre les surpasse,
Et emporta la matiere plus crasse
Du lourd monceau: dont en bas s'aualla

de la Metamorphose d'Ouide,

Par pesanteur. Puis la Mer s'en alla
Aux derniers lieux sa demourance querre
Enuironnant de tous costez la Terre.
 En tel façon (quiconques ait esté
Celluy des Dieux) quand il eut proletté
Le grand Ouurage (& en membres dressée
La grosse Masse en ce point despecée)
Il arrondit, & feit sa Terre au Moule,
Forme, & façon d'une bien grande Boule,
A ceste fin qu'en son poix iuste, & droit
Egalle fust par tng chascun endroit.
Puis ça, & la ses grands Mers espendit,
Et par grands Ventz enflees les rendit,
Leur commandant faire floter leur Onde
Tout a l'entour des fins de Terre ronde:
Parmy laquelle adiousta grands Estangs,
Lacz, & Marestz, & Fontaines sortans:
Et puis de Bois, & Riues tournoyantes
Ceinctures feit aux Riuieres courantes,
Qui d'une part en sa terre se boyuent:
Aultres plusieurs en la Mer se reçoiuent.
Et la au lieu de Riues, & de Bois
Ne batent plus que grands Haures, & Portz.
 Aux Champs apres commanda de s'estendre:
Et aux Forestz Rameaux, & Fueilles prendre:
Ung chascun Val en pendant feit baisser,
Et contre hault les Montaignes dresser.

La Terre diuisée en cinq Zones,
comme le Ciel.

ET tout ainsi que l'Ouurier aduisé
Feit le hault Ciel par Cercles diuisé,
Deux a la Dextre, & sur Senestre deux,
Dont le cinquiesme est le plus ardant d'eux,

B iiij

Le Premier Liure

Par tel façon, & en semblable nombre
Il diuisa Terre pesante, & sombre:
Et en cela se Hault Ciel ne l'excede,
Car comme luy cinq Regions possede,
Dont la moyenne habiter on ne peult
Par se grand Chault, qui en elle se meut:
Puis elle en a deux couuertes de Neige,
Et au milieu de ces deux est le siege
De deux encor, que Dieu, qui tout ouuroit,
Admodera par Chault mesle de Froit.

   Sur tout cela, l'Air il voulut renger:
Lequel d'aultant comme il est plus leger,
Que Terre, et l'Eaue, d'aultant est il pesant
Plus que le Feu tant subtil, & luisant.
En celluy Air les Nues, & Nuées
Commanda estre ensemble situées,
Et le Tonnerre, & Tempestes souddaines
Espouuentans les pensées humaines:
Semblablement auec la Fouldre ardante
Les Ventz causans froidure morfondante.

   A iceulx Ventz Dieu n'a permis d'aller
Confusement par la Voye de l'Air:
Et non obstant, que chascun d'eulx eperce
Ses soufflemens en Region diuerse,
Encor a peine on peult (quand s'esueer tuent
Si resister, qu'ilz ne rompent, & ruent
Le Monde ius par bouffemens austeres:
Tant terrible est la discorde des Freres.

Les Regions des quatre Ventz.

LE Vent Eurus tout premier s'en vosla
  Vers Orient, & occuper alla
  Nabathe, & Perse, & les Mots, qui s'esliuent
Soubz les Rayons, qui au matin se lieuent,

De la Metamorphose.   fueil 8.

Zephyrus fut soubz Vesper resident,
Pres des Ruisseaulx tiedtz de l'Occident.
  Boreas froid enuahyt sa partie
Septentrionne, ucques la Scythie.
  Et vers Midy, qui est tout au contraire,
Auster moyteux getta Pluye ordinaire.
  Sur tout cela, que i'ay cy declairé,
Le grand Ouurier mist le Ciel Ethere
Cler, pur, sans poix, & qui ne tient en rien
De l'espesseur, & brouas terrien.
  A peine auoit tous ces Oeuures haultains
Ainsi assis en lieux seurs, & certains,
Que tout au tour du Ciel claires, & nettes
Vont commencer a luyre les Planettes,
Qui de tout temps pressées, & tachées
Soubz celle Masse auoient este cachées.
  Aussi affin, que Region aulcune
Vuyde ne fust d'Animaulx a chascune
Propres, & duictz, les Estoilles, & Signes,
Et des haultz Dieux ses formes tresinsignes
Tindrent le Ciel. Les Poissons netz, & beaux
Eurent en part (pour leur manoir) les eaux.
La Terre apres print les Bestes sauluages,
Et l'Air subtil Oyseaux de tous plumages.

        L'Origine de l'homme, & comment Prome-
              theus se feit de Terre.

LA trop plus saincte, et noble Creature
  Capable plus de hault sens par Nature,
  Et qui sur tout pouuoit auoir puissance,
Restoit encor. Or print l'Homme naissance,
Ou l'Ouurier grand de tous biens origine
Le composa de semence diuine.
Ou Terre adonq (qui estoit separée

Le Premier Liure

Tout freschement de la part Etherée)
Retint en soy semence supernelle
Du Ciel, qui print sa facture auec elle:
Laquelle apres Promettheus mesla
En eau de Fleuue, & puis sormée l'a
Au propre ymage, & semblable effigie
Des Dieux, par qui toute chose est regie.
　Et neantmoins, que tout aultre Animal
Jette tousiours son regard principal
Encontre bas, Dieu a l'Homme a donné
La Face haulte, & luy a ordonné
De regarder l'excellence des Cieulx,
Et d'esleuer aux Estoilles ses Yeux.
　La Terre doncq nagueres desnuée
D'art, & d'ymage ainsi fut transmuée,
Et se couurit d'Hommes d'elle venus,
Qui luy estoient nouueaux, & incongnuz.

Description des quatre Aages.
Et premierement
de l'Aage doré.

L'Aage doré sur tous resplendissant,
　Fut le premier au Monde florissant:
　Auquel chascun sans Correcteur, & Loy
De son bon gre gardoit Iustice, & Foy.
En peine, & peur aulcun ne souloit viure:
Loix menassans ne se grauoient en Cuyure
Fichè en Murs: pauures gens sans refuge
Ne redoubtoient la face de leur Iuge:
Mais en seurte se scauoient accointer,
Sans qu'il failluft Iuge a les appointer.
　L'Arbre du Pin charpenté, & fendu
N'estoit encor des haultz Monts descendu
Sur les grands Eaux, pour flotter, & nager,

de la Metamorphose d'Ovide. Fueil. 84

Et en pays estrange voyager.
　Hommes mortelz ne congnoissoient a l'heure
Fors seulement le lieu de leur demeure,
Fossez profonds, & Murs de grands effortz
N'environnoient encor Villes, & Forts.
Trompes, Clerons d'Airain droit, ou tortu,
L'armet, la Lance, & le Glaive pointu
N'estoit encor. Sans vsage, & alarmes
De Cheualiers, de Pietons, & Gensdarmes
Les gens alors seurement en tous cas
Accomplissoient leurs plaisirs delicatz.
　La Terre aussi non froissee, & ferue
(Par homme aucun) du Soc de la Charrue
Donnoit de soy tous biens a grand planté,
Sans qu'on y eut ne semé, ne planté:
Et les Diuans contens de sa pasture
Produicte alors sans labeur, ne culture
Cuilloient le fruict des sauluages Pommiers,
Fraises aux Monts, les Cormes aux Cormiers,
Pareillement les Meures, qui sont ioinctes
Contre Buissons pleins d'espineuses poinctes,
Auec le Gland, qui leur tumboit a gre
Du large Chesne a Iuppiter sacré.
　Printemps le Verd regnoit incessamment,
Et Zephyrus souspirant doulcement
Soueffues rendoit par tiedes alenées
Les belles Fleurs sans semence bien nées.
Terre portoit les fruictz tost, & a poinct,
Sans cultiuer. Le Champ, sans estre point
Renouuellé, par tout deuenoit blanc
Par force Espyz pleins de Grain bel, & franc,
Prestz a cueillir. Fleuues de laict couloient,
Fleuues de Vin aussi couler souloient,
Et le doulx Miel, dont lors chascun goustoit,
Des Arbres verts tout iaulne degoustoit.

Le Premier Liure
L'Aage d'Argent.

Puis quand Saturne hors du beau Regne
Fut au profond des Tenebres transmis,
Soubz Juppiter estoit l'humaine Gent:
Et en ce temps suruint l'Aage d'Argent,
Qui est plus bas, que l'Or tressouuerain,
Aussi plus hault, & riche que l'Arain.
Ce Juppiter abaissa la vertu
Du beau Printemps, qui tousiours auoit eu
Son cours entier, & soubz luy fut l'Année
En quatre parts reduicte, & ordonnée,
En froit Yuer, & en Esté, qui tonne,
En court Printemps, & variable Automne.
Lors commença blanche, & viue Splendeur
Reluyre en l'Air espris de seiche ardeur.
D'aultre costé suruint la Glace froide
Par Vents d'Yuer pendue, estraincte, & roide.
Lors on se print a musser soubz maisons:
Maisons estoient, Cauernes, & Cloisons,
Arbres espais, fresche Ramée a force,
Et Verds Osiers ioinctz auecques Escorce.
Lors de Ceres les bons grains secourables
Soubz longs Seillons de Terres labourables
Sont enterrez: & furent Boeufz puissans
Pressez du Joug au labeur mugissans.

L'Aage d'Arain.

Apres cestuy troisiesme succeda
L'aage d'Arain, qui les deux exceda.
D'engin mauluais, & plus audacieux
Aux armes fut, non pourtant vicieux.

De la Metamorphose d'Ouide. Fueil. 8.
L'Aage de Fer.

LE dernier est de Fer dur, & roide:
Ou tout soubdain chascun vice broissé
Se vint fourrer comme en l'Aage total
Comparé au plus meschant Metal.
Honneste Honte, & Verité certaine
Auecques Foy prindrent fuyte loingtaine:
Au lieu desquelz entrerent Flaterie,
Deception, Trahison, Menterie,
Et folle Amour, Desir, & Violence
D'acquerir gloire, & mondaine opulence.
Telle Auarice adonc se plus souuent
Pour practiquer mettoit Voiles au Vent
Lors mal congneu du Nautonnier, & Maistre:
Et mainte Nef, dont le Boys souloit estre
Planté de bout sur Montaignes cornues,
Nageoit, saultoit par Vagues incongnues.
Mesmes la Terre (auant aussi commune,
Que la clarté du Soleil, Air, & Lune)
Fut diuisée en Bournes, & Partiz
Par Mesureurs fins, cautz, & deceptifz.
Ne seulement humaines Creatures
Chercherent Blez, & aultres nourritures:
Mais iusque au fonds des entrailles allerent
De Terre basse, ou prindrent, & foisserent
Les grands Tresors, & ses Richesses vaines,
Qu'elle cachoit en ses profondes Veines:
Comme Metaulx, & Pierres de valeurs,
Incitemens a tous maulx, & malheurs.
Ja hors de Terre estoit le Fer nuysant
Auecques l'Or trop plus que fer cuysant:
Lors Guerre sort, qui par ces deux Metaulx
Fait des combatz inhumains, & brutaulx,
Et casse, & rompt de Main sanguinolente

Le Premier Liure

Armes cliquans soubz force violente,
On vit desia de ce, qu'on emble, q osté:
Ches l'Hostelier n'est point asseuré l'Hostes
Ne le Beaupere auecques se sien Gendre:
Petite amour entre freres s'engendre:
Le Mary s'offre a la mort de sa Femme:
Femme au Mary faict semblable diffame:
Par mal talent les Marastres terribles
Meslent souuent Venins froidz, et horribles:
Le Filz, affin qu'en Biens mondains prospere,
Souhaitte mort (auant ses iours) son Pere.

Dame Pitié gist Vaincue, q oultrée:
Iustice aussi la noble Vierge Astrée,
Seulle, q derniere apres tous Dieux sublimes
Terre laissa taincte de sang, et crimes.

Le Sang des Geans transmué en Hommes cruelz.

AVssi affin, que le Ciel Etheré
Ne fust de soy plus, que Terre, asseuré,
Les fiers Geans (comme on dit) affecterent
Regner aux Cieux, et contremont dresserent
(Pour y monter) mainte Montaigne mise
L'une sur l'autre. Adonques par transmise
Fouldre du Ciel, l'Omnipotent Facteur
Du Mont Olympe abbatit sa haulteur:
Et debusa en ruyne fort grosse
Pellion Mont assis sur celluy de Osse.

Quand par son poix ces Corps faulx, q cruelz
Furent gisans, derompuz, et tuez,
La Terre fut moillée en façon telle
De moult de sang des Geans, Enfans d'elle,
Que (comme on dit) trempée s'enyura,
Puis en ce Sang tout chauld Ame tira:

De la Metamorphose   Fueil. viii.

Et pour garder enseigne de sa race
En feit des Corps portans humaine Face:
Mais ceste Gent fut aspre, et despiteuse,
Blasmant les Dieux, de meurdres conuoiteuse:
Si qu'a sa veoir, bien eussies deuinée
Du cruel sang des Geans estre née.

Cecy voyant des haultz Cieulx Juppiter
Crie, gemyt, se prend a despiter,
Et sur le Champ par luy fut alleguè
Vng aultre faict, non encor diuulguè
Des Banquetz pleins d'horreur espouuentable,
Que Lycaon preparoit á sa Table:
Dont en son Cueur ire va conceuoir
Telle, c'u'un Roy (comme luy) peult auoir:
Et son Conceil appella haultement,
Dont les mandez vindrent subitement.

Description du Cercle laicté.

OR d'icy bas la sus au lieu Celeste
Est vne Voye aux Humains manifeste
Semblable a Laict, dont laictée on l'appelle,
Disée a veoir, pour sa blancheur tant belle:
Et par icelle est le chemin des Dieux
Pour droit aller au Throsne radieux
Du grand Tonnant, a sa maison Royalle.
En ce lieu blanc, des nobles Dieux la Salle
Fut frequentée alors par tout son estre
A huis ouuers sur Dextre, & a Senestre.

Les Moindres Dieux en diuers lieux s'assirent,
Et les Puissans leurs riches Sieges mirent
Vers le hault bout: Brief, telle est ceste place,
Que se i'auoys de tout dire l'audace,
Je ne craindroys dire, que c'est la mesme,
Qu'est du hault Ciel le grand Palays supreme.

Le Premier Liure

Donq quand les Dieux furent en ordre assis
Aux Sieges bas faictz de Marbres massifz,
Juppiter mis au plus hault lieu de gloire,
Et appuyé sur son Sceptre d'Yuoire
(Comme indigné) par troys foys, voyre quatre
De son grand Chef feit bransler, & debatre
L'horrible Poil: duquel par son pouuoir
Feit Terre, & Mer, & Estoilles mouuoir.
Puis tout despit deuant tous il desbouche
En tel façon son indignée Bouche.

Harengue de Juppiter aux aultres Dieux: en laquelle il racompte, comment il transforma Lycaon en Loup.

Je ne fus oncq pour le Regne mondain
Plus triste en Cueur de l'Orage soubdain,
Auquel Geans, qui ont serpentins Piedz,
Furent tous prestz, quand fusmes espiez,
De tendre, & mettre au Ciel recreatif
Chascun cent Bras, pour le rendre captif.
Car neantmoins, que l'Ennemy fust tant
Cruel, et fier, ceste Guerre pourtant
Ne dependoit, que d'une seule suyte,
Et d'une Ligne en fin par moy destruicte:
Mais maintenant en toute Voye, et trasse,
Par ou la Mer le Monde entier embrasse,
Perdre, et tuer me fault pour son injure
Le mortel Genre: et qu'ainsi soit, j'en jure
Des bas Enfers les Eaues noyres, et creuses
Coulans soubz terre aux Forestz tenebreuses:
Quoy que deuant fault toute chose braye
Bien esprouuer: mais l'incurable playe
Par Glaiue fault tousiours coupper à haste,

Que la

De la Métamorphose d'Ovide. Fueil. 19.

Que sa part saine elle ne infecte, & gaste.
J'ay en Foretz, & sur Fleuues antiques
Mes Demidieux, & mes Faunes rusticques,
Satyres gays, Nymphes nobles compaignes,
Et mes Siluans residens aux Montaignes:
Lesquelz d'aultant que ne les sentons dignes
D'auoir encor les Gloires celestines,
Souffrons (au moins) que seurement, et bien
Ilz puissent viure en Terre, que du mien
Leur ay donnée. O Dieux intercesseurs,
Les pensez vous en bas estre assez seurs,
Quand Lycaon noté de felonnie
A conspiré mortelle vilainie
Encontre moy, qui par puissance eterne
La Foudre, et vous ça hault tiens, & gouuerne?
Lors tous ensemble en fremissant murmurent,
Et Jupiter (d'ardant desir qu'ilz eurent)
Vont supplíant, qu'en leurs mains vueille mettre
Cil, qui osa telles choses commettre.
Ainsi au temps, que la cruelle Main
D'aulcuns voulut tenir le nom Rommain
Tendant au sang Cesarien espandre,
Pour sa terreur d'ung tant subit esclandre
Fut l'Humain genre asprement estonné,
Et tout le Monde a horreur addonné.
Et sa pitié des tiens (O preux Auguste)
Ne te fut pas moins agreable, & iuste,
Que ceste cy a Iuppiter insigne:
Lequel apres auoir par doig, & signe
Refrainct leur bruit, chascun d'eulx feit silence.
Le Bruit cessé par sa graue excellence
Du hault Regent, de rechief tout despit
D'ung tel propos sa silence rompit.
Les peines a (ne vous chaille) souffertes:
Mais quoy qu'il ait receu telles dessertes

B

Si vous diray ie en resolution,
Quel est se crime, & sa punition.
   De ce dur Temps l'infamie à merueilles
Venoit souuent iusques a nos Oreilles:
Lequel rapport desirant estre sceu
Subit descens des Cieulx luysans, & haultz,
Et circuy se terrestre Dommaine,
Estant vray Dieu dessoubz figure Humaine.
   Fort long seroit vous dire (o Dieux sublimes)
Combien par tout il fut trouué de crimes:
Car l'infamie, & se bruit plein d'opprobre
Bien moindre fut, que la verité propre.
   De Menalus trauersay les passages
Craintz pour ses trons des grandz Bestes sauluages,
Et ses haultz Pins du froit Mont Lyceus,
Et Cilicne. Quand cela passé eus,
Du Roy d'Arcade ce lieux me viens renger,
Et en sa Court dangereuse a loger
Entré tout droit, au poinct, que la Serée
Tire sa Nuict d'ung peu de Iour parée.
   Par signes lors monstray, que i'estoys Dieu
Venu en Terre, & se Peuple du lieu
A m'adorer ia commence, & me inuocque:
Mais Lycaon (d'entrée) raille, & mocque
Leurs doulx prieres, en disant, par vng grief,
Et cler peril s'esprouueray de brief,
Si mortel est ce Dieu cy, qu'on redoubte,
Et n'en sera la verité en doubte.
   Puis quand seroys la Nuict en pesant somme,
A me tuer s'appreste ce faulx Homme
De mort subite: icelle experience
De verité suy plaist d'impatience.
   Et non content est de si griefue coulpe,
Mais d'ung Poignal la Gorge il ouure, & couppe
A vng, qui la fut en Hostage mis

De la Metamorphose d'Ouide.　Fueil. 9.

De par les gens de Molosse transmise.
Et l'une part des membres de ce Corps
Va faire cuire ainsi a demy morts
En eaue bouillant, rendant l'autre partie
Sus ardant Feu, de gros Charbons rostie:
Lesquelz sur Table ensemble mect, ꝫ pose:
Dont par grand Feu, qui vengea telle chose,
Sur le Seigneur tumbay la maculée
Orde Maison digne d'estre bruslée.

Adonc s'enfuit troublé de peur terrible:
Et aussi tost qu'il sentit l'Air paisible
Des Champs, ꝫ Boys, de hurler luy fut force,
Car pour neant a parler il s'efforce,
Son Museau prend la fureur du Premier,
Et du desir de Meurtres coustumier
Sur les Aigneaulx or en vse, ꝫ iouyt,
Et de veoir Sang encores s'esiouyt.
Ses Vestemens Poil de Beste deuindrent,
Et ses deux Bras facon de Cuisses prindrent,
Il fut faict Loup: ꝫ la Marque conforme
Retient encor de sa premiere forme:
Tel poil Vieillard, et tel frayeur de Vis
Encores a: semblables Yeux tous Vifz
Ardent en luy. Bref, tel figure porte
De cruaulté, comme en premiere sorte.

Parachevement de la Harengue de Juppiter
avec la description du Deluge.

OR est tumbé ung Manoir en ruine,
Mais ung Manoir tout seul n'a esté digne
D'estre peri: par tout, ou paroist Terre,
Regne Erinnys aymant Peché, ꝫ Guerre.
Et si diriez, que tous ilz ont iuré,
De maintenir Vice desmesuré.

B ij

Le Premier Liure

Tous doncques soyent par peine meritée
Punyz acoup, cest sentence arrestée.
　　Alors de bouche aucuns des Dieux approuuent
L'arrest donné par Juppiter, & mouuent
Plus son courroux. Les autres rien ne dirent
Mais (sans parler) par signe y consentirent,
Ce neantmoins du genre humain la perte
A tous ensemble est douleur tresaperte:
Et demander vont a Juppiter, quelle
Forme auiendra sur la Terre, apres qu'elle
Sera priuée ainsi d'Hommes mortelz,
Qui portera l'Encens sur ses Autelz,
Et si la Terre aux Bestes veult bailler
Pour la destruire, & du tout despouller.
　　Alors deffend Juppiter, & commande
A vng chascun, qui tel chose demande,
De n'auoir peur, disant qu'a ce besoing
De toute chose il a la cure, & soing,
Et leur promet Lignée non semblable
Au premier Peuple en naissance admirable.
　　Soubdain deuoit pour mettre Humains en poudre
Par toute Terre espandre ardante fouldre:
Mais il craignit, que du Ciel la facture
Par tant de feuz ne conceut d'auenture
Quelque grand flamme, & que soubdainement
Bruslé ne fust tout le hault Firmament.
Puis luy souuint, qu'il est predestiné,
D'aduenir doibt vng temps determiné,
Que Mer, que Terre, & la Maison prisée
Du Ciel luysant ardra toute embrasée,
Et qu'on doibt veoir le tresgrand Edifice
Du Monde rond en labeur, & supplice.
　　Lors on cacha les Dartz de feu chargez
Des propres Mains des Cyclopes forgez,
Et d'vne peine au feu toute contraire

De la Metamorphose d'Ouide. Fueil. sj.

Luy plaist vser: car soubz Eaues veult deffaire
Le mortel Genre, sur les Terres toutes
De tout le Ciel ietter Pluies,& goutes.
  Incontinent aux Cauernies de Eole
Enclost le Vent Aquilon, qui tost vole:
Semblablement en ces Fosses estuye
Tous Vents chassans la Nue apportant pluye:
Et seulement mist Notus hors d'icelles.
Lors Notus vole auec ses moytes Aesles,
Son Vis terrible est couuert ceste fois
D'obscurité noire comme la Poix:
Par force d'eaues sa Barbe poyse toute,
De ses Cheueulx tous chenuz eaue degoute,
Dessus son front moyteurs coulent,& fiient,
Son Sein par tout,& ses Plumes distillent.
  Puis quand il eut ça & la Nues maintes
Pendans en l'Air dedans sa main estrainctes
Gros bruyt se faict, Esclers en terre abondent,
Et du hault Ciel Pluyes espesses fondent.
  Iris aussi de Iuno Messagere
Vestant Couleurs de façon estrangere
Tire,& concoit grandes eaues,& menues,
En apportant nourrissement aux Nues,
Dont renuersez sont les Blez a oultrance,
Mors sont,& Bains les Boeufz,& l'esperance
Des Laboureux,& fut perdu adonc
Tout le labeur de l'An, qui est si long.
Encor (pour vray) l'ire ouuerte,& patente
De Iuppiter ne fut asses contente
Des grandes eaues, que de son Ciel ietta:
Mais Neptunus son frere s'appresta
De promptement a son ayde enuoier
Grand renfort d'eaues pour le Monde noyer,
Et a l'instant tous ses Fleunes il mande:
Lesquelz entrez dedans la Maison grande

B iij

De leur Seigneur, en brief dire leur Bien,
　Pour se present vser ne nous conuient
De song propos: vos forces descouurez,
Ainsi le fault, & voz Maisons ouurez:
Puis en ostant voz Obstacles, & Bondes
Laschez la bride a voz Eaues furibondes.
　Le commandé, s'en reuont a grands courses:
Tous ses Ruisseaulx l'entrée de leurs Bourses
Laschent a plein, & d'ung cours effrené
Tout alentour des grands Mers ont tourné.
　Neptune adoncq de son Sceptre massif
Frappa la Terre, & du coup excessif
Elle trembla, si que du mouuement
Elle feit voye aux Eaues apertement.
　Si vont courant tous Fleuues espendus
Parmy les Champs ouuers, & estendus,
En rauissant auec le fruict les Arbres,
Bestes, Humains, Maisons, Palais de Marbres,
Sanz espargner Temples painctz, & doiez,
Ne leurs grands Dieux sacrez, & adorez.
　Et s'ainsi est, qu'aulcun Logis debout
Soit demouré en resistant du tout
A si grand mal, toutesfois l'eau plus haulte
Couure se fest, & par dessus luy saulte.
Que diray plus? grandes Tours submergées
Cachées sont soubz ses Eaues desgorgées:
Et n'y auoit (tant soit peu) d'apparence,
Qu'entre la Mer, & Terre eust difference.
Tout estoit Mer: en la Mer, qui tout baigne,
N'a aulcuns Bortz. L'ung pour se sauluer gaigne
Quelcque hault Mont. L'aultre tout destourbé
Se sict dedans ung Nauire courbé:
Et droit au sieu il tire l'Auiron,
Ou labouroit n'agueres enuiron.
　L'ung sur les Blez conduyt Nefz, & Bateaulx,

De la Metamorphose d'Ouide. Fueil. xij.

Ou sur le hault des Villes, & Chasteaulx,
Qui sont noyez. L'aultre sur les grandes Ointes
Prent a sa main Poissons de maintes formes,
L'ancre de Mer se fiche au Pre tout vert:
Fortune ainsi l'a Borfu, & souffert.
  Bateaulx courbez courent les beaulx Vignobles
Gisans soubz l'eau, & plusieurs Terres nobles:
Et au lieu propre, ou Cheures, & Moutons
Brouſtoient n'aguiere Herbes, Fleurs, & Boutons,
La maintenant Balaines monstrueuses
Posent leurs corps. Les Nymphes vertueuses
Regnans en Mer, & belles Nereides
S'estonnent fort de veoir soubz Eques liquides
Forestz, Maisons, Villages, & Citez.
Par les Daulphins les Boys sont habitez,
Et en courant parmy les haultz Rameaux
Hurtent maint Tronc agité des grands Eaux.
  Entre Brebis nagent Loups rauissans,
La Mer souſtient les roux Lyons puissans:
Tigres legers porte l'eau ondoyante:
De rien ne sert la force fouldroyante
Au dur Sanglier: ne les iambes agiles
Au Cerf rauy par les Ondes mobiles.
  Et quand l'Oyseau vagant a bien cherché
Terres, ou Arbre, ou puisse estre branché,
A la fin tumbe en la Mer amassée,
Tant a du vol chascune Aesle lassée.
  Ia de la Mer la fureur a grands brasses
Auoit couuert & Mottes, & Terrasses:
Vagues aussi, qui de nouueau flotoient,
Les haultz sommetz des Montaignes batoient.
Brief, la plusparts gist engloutie, & morte
Dedans la Mer. Ceulx, que la Mer n'emporte,
Le long Jeuſner de tel façon les mine,
Qu'e la parfin tombent morts de Famine.

B iiij

Le Premier Liure

Or separez sont les Champs tresanticques,
Boniens d'auecques les Assicques
De par Phocis Terre grasse, s'entende,
Quand Terre estoit: mais en icelluy temps
La plus grand part n'estoit que Mer comblée
En vng grand Champ d'eaue subit assemblee.
   En ce pays Parnassus se hault Mont
Tendant au Ciel se dresse contre mont
A double croppe, et les Nues surpasse
De sa haulteur. Sur ceste haulte Place
(Pource, que Mer couuroit le demourant)
Deucalion aborda tout courant
En vne Nef, qui grande n'estoit mye,
Auec Pyrrha sa Compaigne, et Amye.
   Les Dieux du Mont, & Nymphes Corycides
La adoroient, prians a leurs subsides
Themys disant les choses aduenir,
Qui lors souloit des Oracles tenir
Le Temple sainct: oncques ne fut Viuant
Meilleur, que luy, ne de plus ensuyuant
Vraye equité, et n'eut oncq au Monde ame,
Plus honnorant les Dieux, que icelle Dame.
   Quand Juppiter veit par l'Eaue continue,
Que Terre estoit vng Estang deuenue,
Et ne rester de tant de milliers d'Hommes
Maintenant qu'vn sur la Terre, ou nous sommes:
Et ne rester de tant de Femmes, que vne:
Voyant aussi, que sans malice quiscune
Tous deux estoient, et tous deux amateurs
De son sainct nom, et vrays adorateurs:
Cela voyant, les Nues, qui tant pleurent,
Rompt, & separe. Et quand les Pluyes furent
Par Aquilon chassees en maintz lieux,
Aux Cieulx la Terre, a la Terre les Cieulx
Il va monstrer: aussi l'ire, et tempeste

De la Metamorphose d'Ouide. Fueil. plij.

De sa Marine illec plus ne s'arreste.
　Puis Neptunus sur la Mer president,
En mettant ius son grand Sceptre, & Trident
Les Eaues appaise, & Hucße sans chommer
Le Bers Triton flotant dessus la Mer,
Le Dos couuert de Pourpre faicte expres
Sans artifice: et luy commande apres
Souffler dedans sa resonnant Buccine,
Et rappeller, apres auoir faict signe,
Fleuues, & Flotz. Lors Triton prend, & charge
Sa Trompe creuse entortillée en large,
Et qui du bas Bers le hault croist ainsi,
D'un Turbillon: laquelle Trompe aussi
Apres qu'elle a prins Air, tout au milieu
De sa grand Mer chascun rivage, & lieu
Gisant soubz l'ung, & soubz l'aultre Soleil
Elle remplit de son bruit non pareil.
Laquelle aussi, quand elle fut ioignante
Contre sa Bouche a Triton degoutante,
Pour la moyteur de sa Barbe chargée,
Et qu'en soufflant la retraicte enchargée
Elle eut sonné, par tout fut entendue
Des Eaues de Terre, & de Mer estendue,
Tant, que ses Eaues, qui l'ouirent corner,
Contraignit lors toutes s'en retourner.
　Desia la Mer prend Bors, & Riues neufues,
& Chascun Canal se remplit de ses Fleuues,
Fleuues on voyt baisser, & departir,
Et hors de l'eau ses Montaignes sortir:
Terre s'eslieue, et les Cieulx, qui paroissent,
& roissent ainsi, comme les Eaues decroissent.
　Longs iours apres, Boys, & Forestz moillées
Manifestoient leurs Testes despoillées
De Fueille, & Fruict: au lieu dequoy resindrent
Les gras Lymons, qui aux Branches se puindrent,

Le Premier Liure

Restably fut tout Pays despourueu:
Lequel estant par Deucalion beu
Large, & ouuert, & que terrestre voye
Mise en desert faisoit silence coye,
La larme a l'Oeil adonc il souspira
Parlant ainsi a sa Femme Pyrrha.

Oraison de Deucalion a Pyrrha sa Femme.

O Chere Espouse, ô ma Soeur honnore,
Ô Femme seule au Monde demourée,
Que commun Sang, puis Parenté germaine,
Puis Mariage ont ioincte a moy prochaine,
Et a present ioincte a moy de rechef
Par ce peril, & dangereux meschef
De toute Terre, & Pays euident
De l'Orient, & de tout l'Occident,
Nous deux seuletz sommes Tourbe du Monde:
Le residu possede Mer profonde:
Et n'est encor sa fiance, & durée
De nostre vie assez bien asseurée:
Et d'aultre part les Nues, qui cy hantent,
Nostre pensee asprement espouuentent.
    Si par Fortune eschappée sans moy
Fusses des eaues, quel courage or en toy
Fust demouré? Ô chetiue, & dolente,
Comme eusses tu tel craincte violente
Seule souffert? qui te fust consoleur,
Pour supporter maintenant ta douleur?
Certes croy moy, si l'eaue t'auoit tauyé,
Ie te suyuroye, & l'eaue auroit ma vie.
Que pleust aux Dieux, qu'un si grãd pouuoir s'eusse,
Que par les Arts de mon Pere ie peusse
Renouueller toute Gent consommée,

De la Metamorphose d'Ouide.   Fueil. cliii.
Et mettre Esprit dedans Terre fouuée.
　Le Genre humain reste en nous deux: & pour ce
Doit en nous deux prendre fin, ou resource,
Et des Humains demourons la semblance:
Telle a esté des haultz Dieux l'ordonnance.
　Apres ces motz, apres pleur, & crier,
Bon leur sembla deuotement prier
Themys celeste, & soubz diuins Miracles
Chercher secours en ses sacrez Oracles.
Lors n'ont tardé: tous deux s'en vont aux Undes
De Cephisie, non bien cleres, & mundes
Encor du tout, mais bien ia retirées
Au droit Vaisseau, duquel s'estoient tirées.
Et quand teste eurent de l'eau benye
Sur leurs Habitz en grand cerimonie,
Et sur leurs Chefz, ilz puindrent leur adresse
Droit vers le Temple a la sacré Déesse,
Dont les Sommetz, & Voultes se gastoient
De laide Mousse. Et les Autelz estoient
Sans sacrifice. Et les Lampes estainctes.
　Puis quand du Teple ont les marches attainctes,
Ung chascun d'eux s'encline contre terre,
Et tout craintif baise la froide Pierre,
Disant ainsi. Si en tristes saisons
Les Dieux vaincuz par iustes Oraisons
Sont amolliz, & si Courroux, & Ire
Fleschist en eulx, helas Vueilles nous dire,
Dame Themys, par quel art, ou sçauoir
Reparable est la perte, que peulx veoir,
De nostre genre, & aux choses noyées
Tes aides soient par douceur octroyées.
　Adonc s'esmeut ce diuin Simulacre,
Et leur respond. Partez du Temple sacre,
Couurez voz Chefz en deuotions sainctes,
Et desliez voz Robbes, qui sont ceinctes:

Le Premier Liure

Apres iettez souuent par sur le Dos
De vostre Antique, & grand Mere les Os.
    Lors esbahyz demeurent longuement,
Et puis Pyrrha parlant premierement
Rompt la silence, & d'obeir refuse
Aux motz, & dictz, donc celle Deesse vse,
En la priant (auec crainctiue face)
Deuotement, qu'en ce pardon luy face:
Et d'offenser crainct de sa Mere l'Ame,
Iettant ses os, & de luy faire blasme.
    Tandis entre eulx reuoluent, & remirent
Les motz obscurs de l'Oracle, que ouyrent
Soubz couuerture ambigue donné.
Deucalion (comme moins estonné)
R'asseure apres, & doulcement consolle
La femme simple, auec telle parolle.
Croy moy, Pyrrha, que les Dieux pour nous veillet:
Ilz sont tous bons, & iamais ne conseillent
Rien de mauluais, & si trop fort ie n'erre,
Nostre grand Mere Antique, c'est la Terre,
Ses Ossemens (selon le mien recors)
Les Pierres sont, qu'elle a dedans son Corps:
Et commandé nous est de les lancer
Derriere nous. Combien qu'en bon penser
Pyrrha fut meue a cause de l'Augure,
Que son Mary bien expose, & figure,
Ce non obstant, son espoir est doubteux.
Et moult encor se deffient tous deux
De cest Oracle: en apres vont disant,
Mais que nuyra l'espreuue en ce faisant?
Sur ce s'en vont du Temple, ou se humilient,
Couurent leurs Chefz, & leurs Robbes deslient,
Et derriere eulx (a toutes aduentures)
Comme on leur dit, iettent les Pierres dures.

De la Metamorphose d'Ouide. Fueil.98.
Les Pierres conuerties en
Hommes,& Femmes.

Les Pierres lors vindrent a delaisser
Leur dureté,& rudesse abaisser,
Et s'amollir,& en amollissant
Figure humaine en elles fut yssant:
Mais qui croira que ce soit verité,
Si pour tesmoing n'en est l'Antiquité?
　Bien tost apres que croissance leur vint,
Et que Nature en icelles deuint
Plus doulce,& tendre,aulcune forme d'Homme
On y peult veoir,non pas entiere,comme
Celle de nous:mais ainsi que esbauchée
D'ung Marbre dur,non assez bien touchée:
Et ressembloit du tout a ces ymages
Mal rabotez,& rudes en Ouurages.
　Ce neantmoins des Pierres la partie
Qui fut terreuse,ou molle,& amoytie
D'aulcun humeur,elle fut transformée
En chair,& sang d'Homme,ou Femme formée:
Ce qui est dur,& point ne flescissoit,
En Ossements tout se conuertissoit:
Ce qui estoit veine de Pierre,a l'heure
Fut veine d'Homme,& soubz son nom demeure,
Si qu'en brief temps les Pierres amassées,
Qui par les mains de l'Homme sont lancées,
Des Hommes ont (par le pouuoir des Dieux)
Prins la figure en Corps,en Face,& Yeux:
Aussi du iect de la Femme esgarée
La Femme fut refaicte,& reparée,
Et de la vient,que sommes (comme appert)
Ung genre dur,aux gros labeurs expert:
Et bien donnons entiere congnoissance
D'ou nous sortons,& de qu'elle naissance.

Le Premier Liure
La Terre transformée en diuerses figures d'Animaulx.

Quand l'humeur vieille alors des eaues laissée,
Fut par l'ardeur du cler Soleil pressée
D'eschauffoison, & que Paludz, & Fanges
Furent enflez soubz ces chaleurs estranges,
Terre engendra tous aultres Animaulx
De son Vueil propre, en formes inegaulx :
Pareillement les semences des choses
(Concepuans fruict, nourries, & encloses
En Terre grasse a produire propice
Comme au Gyron de leur Mere, & nourrice)
Vindrent a croistre, & demourance y tindrent
Si longuement, qu'aulcune forme prindrent.
   Qu'il soit ainsi, quand l'Eaue du Nil, qui court
Par sept Tuyaulx, a delaissé tout court
Les Champs moilles, & chascun sien Ruisseau
Rendu dedans son antique Vaisseau :
Apres aussi, que le Lymon tout fraiz
Est eschauffé du Soleil, & ses Raiz,
Les Paysans plusieurs Animaulx trouuent
Faictz, & créez de Motes, ou se couuent :
Et en peult on en elle veoir assez,
Qui seulement ne sont que commencez
Pour le bref temps de leur tout nouueau naistre.
Semblablement d'aultres y voit on estre
Tous imparfaictz, qui a demy sont nez,
D'Espaulle, Teste, ou Jambes tronconnez :
Et du Corps mesme imparfaict l'une part
Bien souuent vit : l'autre est Terre sans art.
   Certes apres, que Humeur de froit esprise,
Et Chaleur aspre ont attrempance prise,
Produisant sont, & concoiuent, et portent,
Et de ces deux toutes les choses sortent.

De la Metamorphose d'Ovide.   Fueil. 9.

Et quoy, que Feu a l'Eaue contraire soit,
Humide Chauld toutes choses conçoit:
Et par ainsi concorde discordante
A Geniture est apte, et concordante.

La mort du Serpent Phyton, dont
vindrent les Jeux nommez
les Phyties.

Doncques apres, que la Terre moillée,
Et du nouueau Deluge fort soillée,
Vint à sentir de recheif le grand Chauld
De l'Air prochain, & du Soleil treshault,
Elle mist hors cent mille especes siennes:
Et d'une part les formes anciennes
Restitua iadis mortes des eaues:
De l'autre part feit Monstres tous nouueaux.

O grand Phyton Monstre horrible, & infect,
Terre bouldroit (certes) ne l'auoir faict:
Mais toutesfois elle (dont se repent)
T'engendra lors, d'incongneu Serpent
Au Peuple neuf: aussi craincte donnoys,
Tant large lieu de Montaigne tenoys.

Or Apollo tenant (pour faire alarmes)
L'arc, & sa Fleche, & qui de telles armes
Par cy deuant ne vsoit iamais, que contre
Cheures fuyans, ou Dains: a sa rencontre
Le gros Serpent rua mort estendu
Par coups noirciz du Venin espendu,
Soubz tant de Traictz tirez a tel secousse,
Que toute Ouide en fut quasi sa Trousse.

Et puis affin, que vieil Temps aduenir
Mieulx sceust du faict sa memoire tenir,
Il establit sacrez Jeux, & Esbatz
Solennisez par triumphans Combatz,

Le Premier Liure

Pythies dictz du nom du grand Python
Serpent vaincu: pour cela les feit on.
En celluy Pris quiconque ieune Enfant
A Lutte, a Course, ou au Char triumphant
Estoit vainqueur, par honneur singulier
Prenoit Chappeau de Fueilles de Mesller,
Car le Laurier encores ne regnoit,
Et en ce temps Phebus environnoit
Sa blonde Teste a long Poil bien seante
De chascun Arbre, et Fueille verdoyante.

Daphne transformée en Laurier, avec description des Sagettes de Cupido.

L'Amour premiere au Cueur de Phebus née
Ce fut Daphne, fille au fleuue Penée,
Laquelle amour d'aulcun cas d'aduenture
Ne luy suruint: mais de l'ire, et poincture
De Cupido. Phebus tout glorieux
D'auoir vaincu le Serpent furieux,
Vit Cupido, qui de Corde nerueuse
Bendoit son Arc de Corne sumptueuse:
Si luy a dit, dy moy pourquoy tu portes
(Enfant lascif) ces riches Armes fortes?
Ce noble Port, qui sur ton Col s'assiet,
Mieulx en escharpe a mes Espaulles siet,
Qui bien en scay donner Playes certaines
Aux Ennemys, aux Bestes inhumaines:
Qui puis vng peu par Sagettes sans nombre
Ay rué ius le Serpent plein d'encombre
Python l'enflé, dont la mortelle Panse
Fouloit de Terre incredible distance.
Tien toy content d'esmouuoir en clamours
Par ton Brandon ne scay quelles amours:

Et

De la Metamorphose d'Ouide.   Fueil 9̃.vij.

Et desormais n'approprie à toymesmes
Ainsi a tort noz louanges supremes.
　Lors luy respond de Venus le Filz cher,
Fiche ton Arc, ce qu'il pourra ficher,
O Dieu Phebus, le mien te fichera:
Ainsi ton bruyt du mien est, & sera
Moindre d'aultant, que Bestes en tout lieu
Plus foibles sont, q̃ plus basses qu'un Dieu.
　Ainsi disoit, & quand en ses Boëtees
Fut tranché l'Air des Aesles esbranlées,
Il se planta prompt, & legier dessus
L'obscur sommet du hault Mont Parnassus,
Et de sa Trousse (ou met ses Dards peruers)
Tira deux Traictz d'ouurages tous diuers:
L'ung chasse amour, & l'autre l'amour crée:
Tout doré est celluy, qui la procrée,
Et a Ferrure ague, clere, & coincte.
Cil qui la chasse, est rebouché de poincte,
Et a du Plomb tout confict en aimer
Soubz l'Empennon. Cupido Dieu d'aymer
Ficha ce Traict, qui est de mercy Vuide,
Contre Daphne la Nymphe Peneyde,
Et du doré les Os il trauersa
Du blond Phebus, et au Cueur le blessa.
　Subitement l'ung ayme, & l'autre non,
Ains va fuyant d'amoureuse le nom.
Et iusque aux trous des Boys chasser Venoit:
Brief, la despoille aux Bestes, que prenoit,
C'estoit sa grand ioye quotidiane,
En imitant la pucelle Dyane.
　D'ung seul Bandeau ses Cheueulx mal en ordre
Serroit au Chef, sans les lyer, ne tordre.
Plusieurs l'ont quise à l'epouser tendans,
Mais tousiours feit reffus aux demandans.
　Sans vouloir Homme; & du plaisir exempte

C

Le Premier Liure

Va par les Boys, qui n'ont chemin, ne sente,
Et ne luy chault sçauoir, que c'est de Nopces,
Ne aussi d'ung tas d'amoureuses negoces.
 Son Pere aussi luy a dit maintesfois,
Ma chere Fille, vng Gendre tu me doibs :
Et luy a dit (cent foys blasmant ses Vœuz)
Tu me doibs Fille Enfans, & beaulx Nepueux.
 Elle abhorrant Mariage aussi fort,
Que si ce fust vng crime vil, & ord,
Entremesloit parmy sa face blonde
Vne Rougeur honteuse, et vereconde:
Puis en flatant son Pere desolé,
Et se tenant doulcement accolé:
 Mon trescher Pere (helas ce disoit elle)
Fays moy ce bien, que ie vse d'eternelle
Virginité. Iuppiter immortel
Feit bien iadis a Dyane vng don tel.
 Lors (o Daphne) vray est, qu'a ta demande
Ton Pere entend: mais ceste beaulté grande
A ton vouloir ne donne aulcun adueu,
Et ta forme est repugnante a ton Vœu.
Phebus, qui tant la dit bien composee,
L'aynie tousiours, la soubhaitte espousee:
Ce qu'il soubhaitte, espere, quoy que soit,
Mais son Oracle a la fin le deçoit.
 Et tout ainsi, que le Chaulme sec ard,
Quand on a mys ses Espyz a l'escart:
Comme Buissons ardent par nuict obscure
D'aulcuns Brandons, qu'un Passant d'aduenture
(En s'esclerant) a approchez trop pres
D'iceulx Buissons, ou les y laisse apres,
Qu'il soit le iour: ainsi Phebus en flamme
S'en va reduit, & d'Amour, qui l'enflamme,
Par tout son Cueur se brusle, & se destruict,
Et en espoir nourrist amour, sans fruict.

De la Metamorphose d'Ouide.   Fueil. zbiii.

Au long du Col de Daphne voyt pendus
Ses Cheueulx blonds, mesléz, q esprendus,
O Dieux (dit il) si prignée elle estoit,
Que pourroit ce estre? En apres s'arrestoit
A contempler ses estincellans Yeulx,
Qui ressembloient deux Estoilles des Cieulx.
   Sa Bouche voyt petite par compas,
Dont le seul Veoir ne se satisfaict pas:
Puis ses Mains aussi blanches, que Lys:
Puis ses Doigtz: puis ses Bras polys:
Semblablement ses Espaules charnues,
Plus qu'à demy descouuertes, q nues.
   S'il ya rien caché dessoubz l'Habit,
Meilleur le pense: elle court plus subit
Que Vent legier, q ne prend pied la Belle
Aux dictz de cil, qui en ce point l'appelle.

    Priere de Phebus a Daphne.

IE te pry Nymphe arreste ung peu tes pas,
Comme Ennemy apres toy ne cours pas:
Nymphe demeure: ainsi la Brebiette
S'enfuit du Loup: q la Biche foiblette
Du fort Lyon: ainsi les Colombelles
Vont fuyant l'Aigle auec fremissans Aelles:
Ainsi chascun de ses hayneux prend fuyte,
Mais Vray amour est cause de ma suyte.
   O que ie craindz, que tumbes, q que Espines
Poignent tes Piedz, q tes Jambes non dignes
D'auoir blesseure: ô pour moy grand malheur,
Si i'estoys cause (en rien) de ta douleur.
   La ou tu vas, sont lieux raboteux, q Bestes:
Je te supply (non pas, que tu t'arrestes
Du tout sur pieds) mais cours plus lentement,
Je te suiuray aussi plus doulcement.

                                  C ij

Le Premier Liure

Enquiers (au moins) a qui tu plais Amye.
D'une Montaigne habitant ne suis mye,
Ne Vastoureau: point ne garde, q fais paistre
Trouppeaulx icy, comme Eng Vilain Champaistre.
Tu ne scais point (sotte) tu ne scais point,
Qui est celluy, que tu fuyz en ce point:
Pource me fuyz. La puissante Isle Clare,
Delphe, Tenede, q aussi de Patare
Le grand Palais me sert, q obtempere:
Juppiter est mon Geniteur, q Pere:
Tout ce qui est, sera, q a esté,
Aux Hommes est par moy manifesté.

Par moy encor maint beau Vers Poëtique
Accorde au son des Cordes de Musique:
Et m'a Sagette est pour vray bien certaine:
Mais vne aultre est trop plus seure, q soubdaine,
Laquelle a faict playe en mon triste cueur,
Dont n'auoit onc Amour esté vaincueur.

Medecine est de mon inuention,
Et si suys dit par toute Nation
Dieu de secours: q la grande puissance
Des Herbes est soubz mon obeissance.
O moy chetif, o moy trop miserable,
De ce qu'Amour n'est par Herbes curable,
Et que ses Arts, qui vng chascun conseruent,
A leur Seigneur ne profitent, ne seruent.

Alors Daphne crainctiue se retire
Loing de Phebus, qui vouloit encor dire
Maintz aultres motz, q laissa sur ces faictz
Auecques luy ses propos imparfaictz.
Lors en fuyant moult gente se monstroit:
Le Vent par coups ses Membres descouuroit,
Et Volleter faisoit ses Vestementz,
Qui resistoient contre ses soufflemens:
Puis l'Air subtil repoulsoit en arriere

De la Metamorphose d'Ouide.   Fueil.pl9.

Ses beaulx Cheueulx espenduz par derriere:
Dont sa fuyte a sa beaulté augmentée.
Mais le Dieu plein de ieunesse tentée
Plus endurer ne peust a ce besoing,
Perdre, z ietter son beau parler au loing:
Ains comme Amour l'admonneste, z poursuyt,
D'ung pas legier ses trasses d'elle suyt.
   Et tout ainsi que le Leurier agile
Quand il a veu le Lieure moins habile
En ung champ vague, z qu'au pied l'ung conclud
Gaigner sa proye, z l'aultre son salut,
Le Chien legier de pres se semble ioindre,
Et pense bien ia le tenir, z poindre:
Puis de ses Dentz (ouurant sa Gueule gloute)
Rase ses Piedz: lors le Lieure est en doubte,
S'il est point prins. ceste morsure eschappe,
Et de la Dent, qui coup sur coup se happe,
Il se desmesle, z fuyt tout estonné.
   Ainsi est il de Phebus, z Daphne,
Espoir le rend fort legier a la suyte,
Craincte la rend fort legiere a la fuyte:
Mais le suyuant, qui des Aesles d'Amours
Est soulagé, va de plus soubdain cours,
Sans point donner de repos, ne d'arrest
A la fuyante: z si prochain il est
De ses Talons, que ia de son alaine
Ses beaulx Cheueulx tous espars il allaine.
   Quand de Daphne la force fut estaincte,
Passe deuint: lors vaincue, z attaincte
Par le trauail d'une si longue course
Va regarder de Peneus la source,
Disant: Mon Pere, ayde a mon cueur tant las,
Si puissance est en vous Fleuues, z Lacs.
Puis dit: O Terre, or me perds, z efface
En transmuant ma Figure, z ma face,
                                           L iij

Le Premier Liure

Par qui trop pleis:ou sa transgloutis Biue
Elle, qui est de mon ennuy motiue.
 Ceste priere ainsi finie a peine,
Grand pasmoyson luy surprend Membre,& Veine.
De son Cueur fut la subtille Toillette
Tournée en tendre Escorce verdelette:
En Fueilles lors croissent ses Cheueulx beaulx:
Et ses deux Bras en Branches, & Rameaulx.
Le Pied, qui fut tant prompt auec la Plante,
En Tige moine, & Racine se plante.
D'ung Arbre entier son Chef sa haulteur a,
Et sa Verdeur (sans plus) luy demeura:
Parquoy Phebus l'Arbre ayma desadoncq.
Et quand eut mis sa Deptre sur le Tronc,
Encor sentoit le Cueur de la Pucelle
Se demener soubz l'Escorce nouuelle.
 En embrassant aussi ses Rameaulx verdz,
Comme eut bien faict ses Membres descouuertz:
Il baise l'Arbre,& tout ce nonobstant,
A ses baisers l'Arbre va resistant.
 Au quel Phebus a dit. Puis que impossible
Est, que tu sois mon Espouse sensible,
Certainement mon Arbre approprié
Seras du tout, & a moy dedié.
Obers Laurier tousiours t'aura ma Harpe,
Ma clere Teste,& ma Trousse en escharpe:
Et si seras des Capitaines gloire
Tous resiouys, quand Triumphe, & Victoire
Chanteront hault les cleres Voix,& Trompes:
Et qu'on boirra les grandes, & longues Pompes
Au Capitolle aux consacrez Pousteaulx,
Seras debout deuant les grands Portaulx
Feasse garde,& au los de ton Regne
Entrelasse seras au tour du Chesne:
Et tout ainsi que mon beau Chef doit

De la Metamorphose d'Ouide.　Fueil. xp.

Est tousiours ieune, & de Poil decoré,
Vueilles aussi porter en chascun Aage
Perpetuel honneur de Vert Fueillage.
Ces motz finiz, le Laurier se y consent
En ses Rameaulx, qui sont faictz de recent:
Et si sembloit branster en sorte honneste
Sa summite, comme on branste la Teste.

Description du beau lieu Tempé: & comment
Yo fut transformée en Vache
blanche: & baillée en garde
à Argus.

EN Thessalie une haulte Forest
Par tout encloit ung Val, qui encor est
Nomme Tempé, temperé fleurissant:
Parmy lequel Peneus Fleuue yssant
Du sons du pied de Pindus grand Montaigne
D'eaues escumans se Pays tourne, & baigne.
D'ung roide cours ses Nues embrumées
Va conduysant, qui petites Fumées
Semblent ietter: & Va si roidement
Contre ses Rocz, que du redondement
Les Boys arrouse: & de son Bruyt, qui sonne,
Les lieux plus soing que ses Voisins estonne.
La sa Maison: la le siege son treuue,
Et lieu secret de Peneus grand Fleuue.
La comme Roy residant en ses Terres
En sa Cauerne estant faicte de Pierres
Gardoit iustice aux Undes la courantes:
Pareissement aux Nymphes demourantes
En cestes eaues. Premier sont la Venus
Tous les prochains Fleuues a luy tenuz,
Non bien sachans, si chere luy feront,
Ou pour sa Fille ilz se consoleront,

C iiij

Le Premier Liure

Que perdue a: Sperche y vint a propos
Portant Peupliers, Enypphe sans repos,
Le doulx Amphrise, & le Bleif Apidain,
Auec Eas: d'aultres Fleuues soubdain
Y sont venuz, qui, de quelque costé
Ou soient portez d'impetuosité,
En sa Mer font leurs Undes retourner,
Quand lassez sont de courir, & tourner.

 Le Fleuue Inache a part soy tout fasché
Seul est absent, & au profond caché
De son grand creux: l'eaue par larmes augmente,
Et tout chetif sa Fille Yo lamente
Comme perdue: il ne scait si en vie
Elle est au Monde, ou aux Enfers rauie:
Mais pour autant, que point ne l'appercoit
En aulcun lieu, cuide qu'elle ne soit
En aulcun lieu, et craind en ses espris,
Que pirement encores luy soit pris.

 Or quelcque foys Iuppiter eternel
La veit venir du fleuue Paternel,
Si luy a dit: O Vierge bien formée,
De Iuppiter tresdigne d'estre aymée,
Et qui dois faire vng iour par grand delict
Ie ne scay qui bienheureux en ton Lict.

 Ce temps pendant, que le Soleil tresbault
Est au millieu du Monde ardant, & chault,
Vien a l'umbrage en ce Boys de grand monstre,
Qu'en cestuy: a tous deux les suy monstre.

 Et si tu craindz entrer seulette aux creuses
Fosses, & Trouz des Bestes dangereuses,
Crop qu'a seurté iras d'orenauant
Soubz les secretz des Forestz moy deuant,
Qui suis vng Dieu, non point des moindres Dieux,
Mais qui en Main le grand Sceptre des Cieulx
Tiens, & possede, & qui darde, & enuoye

De la Metamorphose d'Ouide. Fueil. ƿƿl.
La fouldre esparse en mainte place, & Boye,
Ne me suy point : or fuyoit elle soit,
Et ia de Lerne auoit par son effort
Oultrepassé les Pastiz, & les Plaines,
Et les Beaulx Champs Arcées d'Arbres pleine,
Grand Juppiter couurit Terre estendue
D'obscurité parmy l'Air espendue
Retint sa fuyte a Yo ieune d'aage,
Et par ardeur rauit son pucellage.
Ce temps pendant, Juno des Cours haultaines
Regarde en bas au millieu des grands Plaines :
Si s'esbahyt, dont les Nues subites
Soubz le iour cler auoient au bas limites
Faict, & formé la Face de la Nuict,
Et bien iugea, que d'aulcun Fleuue induict
A grands moyteurs ne sont faictes les Nues,
Ne de l'humeur de Terre en l'Air venues.
    Puis ça, & la regarde d'Oeil marry,
Ou estre peult Juppiter son Mary,
Comme sachant les Emblées secretes
Du sien Espoux tant de foys encachetes
D'elle surpris : & apres que apperceu
Ne l'a au Ciel. Ou mon cueur est deceu
(Dit elle alors) ou ie suis offensée.
    Puys du hault Ciel soubdainement baissée
Se plante en Terre, & commande aux Nuées
Loing s'en aller d'obscurté desnuées.
Mais Juppiter, qui bon temps se donnoit,
Preuoyt bien, que sa Femme venoit,
Et ia auoit de Yo fille de Inache
Mué sa forme en vne blanche Vache
Belle de Corps, comme Yo fut en Dis.
    Adonc Juno (quoy que ce fust enuis)
En estima la forme, & le Poil beau,
Et si s'enquiert, a qui, de quel Trouppeau,
                                                L b

Et d'ou elle est, comme non congnoissant
La verite. Juppiter Dieu puissant
Dit (en mentant) qu'elle est nee de Terre,
A celle fin, que lon cesse d'enquerre
S'il l'a point faicte: & lors Juno la grande
Icelle Vache en pur don luy demande.
 Que pourra il or faire, ou devenir?
C'est cruaulte, ses amours forbannyr.
Ne luy donnant, la faict souspeconner:
Honte en apres l'incite a luy donner.
Puys Amour est a l'en divertir prompte,
Et en effect Amour eust vaincu honte:
Mais si la Vache (vng don qui peu monstoit)
Eust reffusée a celle, qui estoit
Sa Femme, & Soeur, sembler eust peu adoncques
Visiblement, que Vache ne fust oncques.
 Quand Juno eut en don son Ennemye,
Du premier coup elle ne laissa mye
Toute sa peur, & craignyt grandement,
Que Juppiter luy print furtiuement,
Jusques a tant qu'es mains d'Argus l'eust mise
Filz de Aristor, pour en garde estre prise.
 Or tout le Chef auoit cestuy Argus
Enuironne de cent Yeulx bien agus,
Qui deux a deux a leur tour sommeillans
Prenoient repos: tous ses aultres veillans
Gardoient Yo, & en faisant bon guet
Demouroient tous arrestez en aguet:
En quelcque lieu ou fust Yo la belle,
Incessamment regardoit devers elle.
Deuant ses y eulx Yo tousiours il voyt,
Quoy que sa face ailleurs tournée auoit.
 Quand le jour luyst il seuffre, qu'elle paisse:
Quand le Soleil est soubz la Terre espaisse,
L'enferme, & clost: & d'ung rude Cheuestre

De la Metamorphose d'Ouide. fueil.q.vj.

Rye son Col, qui n'a merité d'estre
Ainsi traicté. De fueille d'Arbre dure,
Et d'Herbe amere elle prend sa pasture:
Puis la pauurette en lieu de molle Couche
Toute la nuict dessus la terre couche,
N'ayant tousiours de la Paisse, qu'a peine,
Et Boyt de l'eau de Bourbier toute pleine.

Quand elle aussi, qui si fort se douloit,
Deuers Argus ses Bras tendre vouloit
S'humiliant, las sa doulcette, a tendre
N'a aulcuns Bras, qu'a Argus puisse tendre,
Et s'efforcant lamenter, de sa Gorge
Vng cry de Vache, & mugissant desgorge,
Tant que du son en craincte se bouta,
Et de sa Voix propre s'espouenta.
Apres s'en vint aux Riues de son Pere
Le Fleuue Inache, ou en soulas prospere
Souloit iouer souuent auec Pucelles.
Et quand en l'eau veit ses Cornes nouuelles,
Eut grande peur, & de la craincte extreme
S'essarouchoit, & se fuyoit soymesme,
Ignorans sont ses Nayades encore:
Voire Inachus le Fleuue mesme ignore,
Qui elle soit: mais, pour les rendre seures,
Suyuoit son Pere, & si fuyoit ses Soeurs:
Estre touchée assez elle souffroit,
Et a iceulx (tous esbahyz) se offroit.

Le bon Vieillard Inachus a ionchées
Luy presenta des Herbes arrachées.
Soubdain ses Mains elle luy vint lecher,
Baisant la Paulme a son Pere trescher,
Et retenir onc ses Larmes ne sceust:
Et se orendroit de parler la grace eust,
Elle eust requis secours, & aide aulcune,
Et recité son nom, & sa Fortune.

Le Premier Liure

En lieu de motz, la lettre, que imprima
Son Pied en terre, adoncques exprima
Parfaictement, & mist en desconurance
Du corps mué la triste demonstrance.
    O moy chetif (cria sois esperdu
Son pere Inachus,& aux Cornes pendu,
Aussi au Col de la Vache luysante
En son Poil blanc,& en dueil gemissante)
O moy chetif (dist il par plusieurs fois)
N'est ce pas toy ma Fille, que ie Voys
Cherchant par tout: Or est chose esprouuée,
Qu'en te trouuant,ie ne t'ay point trouuée.
Et mes douleurs plus que deuant sont grandes:
Las tu te tays, & aux myennes demandes
Tu ne rends point responses reciproques:
Tant seulement aigres Souspirs euoques
Du cueur profond:& ce que faire peulx,
A mon parler mugis comme les Boeufz.
    Las ie pauuret ignorant tout ce mal,
Te preparois Cierge,& Lict nuptial:
D'ung Gendre fut l'espoir premier de moy,
Et le second de Veoir Enfans de toy.
Or d'ung Trouppeau Mary te fault auoir,
Et d'ung Trouppeau Lignée conceuoir:
Et n'est possible a moy, que finir fasse
Tant de douleurs par Mort, qui tout esface:
Ains estre Dieu,ce m'est nuysante chose,
Et de la Mort la porte, qui m'est close,
Prolonge,& faict le mien regret durable
En aage, & temps eterne,& par durable.
    Comme Inachus disoit son desconfort,
Argus se lieue, & en se poussant fort,
Maine par force en Pasturages maintz
La pauure Fille, arrachée des Mains
De son cher Pere:& puis occupe, & gaigne
Legerement le hault d'une Montaigne

De la Metamorphose d'Ouide.　Fueil. ꝑ ix.

Assez loingtaine, ou se siet, & aduise,
Et la seant en toutes parts specule.
　Lors Juppiter Roy de tous les Celestes
Plus endurer ne peult tant de molestes
A ceste Yo, du bon Pherone extraicte.
Si appella son Filz, que vne parfaicte
Clere Pleiade eut en enfantement:
Mercure eut nom: luy feit commandement
D'occire Argus. Si ne demoura gueres
Mercure a prendre aux Piedz Aesles legieres:
En Main puissante aussi sa Verge preste
D'endormir gens, & son Chappeau en Teste.
　Tantost apres, que celluy Dieu Mercure
Eut disposé tout cela par grand cure,
Du hault Manoir de son Pere saulta
Jusques en Terre, ou son Chappeau osta:
Semblablement des Aesles se desnue,
Et seulement sa Verge a retenue.
　D'icelle Vergé (en s'en allant) conuoye
Brebiz en trouppe a trauers Champs sans Voye,
Comme vng Pasteur chantant de Chalumeaulx
Faictz, et construictz de Pailles, ou Rouseaulx.
　Argus Vacher de Juno tout espris
Du son de l'art nouuellement apris,
Luy dit ainsi: Quiconques soys, approche:
Tu pourras bien te seoir sur ceste Roche
Auecques moy. En aultre lieu du Monde
L'Herbe n'est point (pour certain) plus seconde
Pour le Bestail: tu voys aussi l'Vmbrage
Bon aux Pasteurs en cestuy Pasturage.
　Mercure adoncq se assit aupres d'Argus,
Tint, & passa en propos, & argus
Le jour coulant, parlant de plusieurs poinctz:
Et en chantant de ses Chalumeaulx ioinctz
L'ung auec l'autre, a surmonter il tasche

Le Premier Liure

Les Yeulx d'Argus gardans Yo la Vache:
Et toutesfois Argus vaincre s'efforce
Le doulx Sommeil amollissant sa force.
Voire ꝗ combien que iusques au demy
De tous ses Yeulx se trouuast endormy,
Ce nonobstant veille de l'aultre part:
S'enquiert aussi, pourquoy, ꝗ par quel Art
Trouuée fut la Fluste, dont chantoit,
Car puis vng peu inuentée elle estoit.

   Syringue conuertie en Roseau: la mort
      de Argus: ꝗ ses Yeulx mys sur
         la Queue du Paon.

LOrs dit Mercure, Aux Montz gelez d'Arcade
En Nonacris sur toute Hamadriade,
Vne Nayade y eut tresrenommée:
Syringue estoit par les Nymphes nommée.
 Non vne fois, mais par diuerses fires
Auoit mocqué grand nombre de Satyres,
Qui la suyuoient, ꝗ tous les Dieux auecques,
Du Boys vmbreux, ꝗ Champ fertil d'illecques.
 En Venerie, ꝗ virginal noblesse
Elle ensuyuoit Diane la Déesse
De l'Isle Ortige: ꝗ accoustrée, ꝗ ceincte
A la facon de ceste noble Saincte
Maintz eust deceu: ꝗ pour Dyane aussi
Prendre on l'eust peu, ne fust que ceste cy
Auoit vng Arc de Corne decoré,
Et ceste la en auoit vng doré:
Encores ainsi maintes gens deceuoit.
 Or le Dieu Pan vng iour venir la voyt
Du Mont Lycée: et aiant sur sa Teste
Chappeau de Pin, luy feit telle requeste.
 O noble Nymphe obtempere au plaisir

De la Metamorphose d'Ouide.   Fueil. pxliii.

D'ung Dieu, qui a grand Vouloir, & desir
De t'Espouser. Bref, mainte aultre aduenture
Restoit encor a dire par Mercure,
C'est assauoir (tes priere ennuyante
Mise a despris) la Nymphe estre fuyante
Par Boys espars, tant que de grand randon
Vint iusque au bort du sablonneux Ladon,
Fleuue arresté: & comment a la suyte,
Lors que ses Eaues empescherent sa fuyte,
Ses cheres Soeurs pria illecques pres
De la muer: aussi comment apres,
Que Pan cuyda Syringue par suy prise,
En lieu du Corps de sa Nymphe requise,
Tint en ses Mains des Cannes, & Roseaux
Croissans au tour des Paludz, & des Eaux.
Comment aussi, quand dedans an'ßela,
Le Vent esmeu dedans ces Cannes sa
Il feit vng son delicat en Voix saincte
Semblable a cil d'ung Cueur, qui faict sa plaincte.
Et comment Pan surpris de son predict,
Et du doulx Art tout nouueau suy a dit:
Cestuy Parler, & Chant, en qui te deulz,
Sera commun tousiours entre nous deux.
    Aussi comment, pour eternel renom,
Desloxs retint, & donna se droit nom
De la Pucelle a ces Flustes rurasses
Ioinctes de Cire en grandeur inegasses.
    Ainsi (pour vray) que Mercure deuoit
Dire telz motz, ses Yeux d'Argus il Voit
Tous succumber, & sa lumiere forte
De grand sommeil enueloppée, & morte.
    Soubdain sa Voix refraignit, & cessa,
Et puis d'Argus le dormir renforca
Adoulcissant de la Verge charmée
Les Yeux foibletz de sa Teste assommée.

Le Premier Liure

Lors tout subit d'ung Glaiue renuersé
Baissant le Chef, en donnant la blessé
Au propre endroit, auquel est iointe, & proche
La Teste au Col: puis du hault de la Roche
Se iette a Bas: & se Mont baust, & droit
Roille du Sang. Ainsi ce or'endroit
Gisant par Terre, o Argus, qui biuoys,
Et la clarté, qu'en cent Yeulx tu auoys,
Est orestaincte: & la seule obscurté
De Mort suprent de cent Yeulx leur clarté.
 Adonc Iuno prend ces Yeulx, & les fiche
Dessus la plume du Paon son Oyseau riche,
Et luy emplit toute la Queue d'Yeulx
Clers, & luysans comme Estoilles des Cieulx.

Yo Vache retourne en forme Humaine.

Sovddain Iuno en ire ardante bruste,
Et du courroux le temps ne dissimule:
Car Erinnys la Déesse de Rage
Mist au deuant des Yeulx, & du courage
D'icelle Yo, & cacha l'incensée
Maint Aiguillon secret en sa pensée,
Espouantant par Rage furibonde
La pauure Yo fuyant par tout le Monde.
O Fleuue Nil: en grand labeur, & plaindre
Tu luy restoys le dernier a attaindre:
Auquel pourtant a la fin elle arriue,
Et en posant tout au bout de la Riue
Ses deux Genoulx, se veautra en la Place,
Et en leuant sa teste quelle Face
Vers le hault Ciel, renuersant en arriere
Son Col de Vache, en piteuse puere,
En larmes d'Œcil, & en gemissemens,
Et en plaintifz, & gros mugissementz

De la Metamorphose d'Ouide.   Fueil. pp8.

Elle sembloit a Juppiter crier,
Et de ses maulx sin final luy prier.
Lors Juppiter de ses deux Bras embrasse
Sa femme au Col, la priant que de grace
D'ucille de Yo finablement finir
La grande peine. Et quant a l'aduenir,
De moy (dist il) toute craincte demectz:
Car ceste cy ne te sera jamais
Cause de dueil. Et aux Stygieux Fleuues
Commande ouyr cestuy serment pour preuues.

Quand Juno eut appaisé sa poincture,
Yo reprint sa premiere stature,
Et faicte fut ce, que deuant estoit.
Du Corps s'enfuyt le Poil, qu'elle vestoit:
Lors luy descroist des Cornes la grandeur:
Moindre deuient de ses Yeux la rondeur:
Gueulle,& Museau plus petitz luy deuiennent:
Espaules, Bras, & ses Mains luy reuiennent:
L'ongle de Vache en nouueaux Piedz,& Mains
Fut diuisée en cinq Ongles humains.

Brief, rien n'y eut de la Vache sur elle,
Fors seulement la blancheur naturelle,
Et tout debout fut la Nymphe plantée,
Du cheminer de deux piedz contentée:
N'osant parler, que de la Gorge n'ysse
Mugissemens, comme d'une Junisse.
Et auec craincte essayoit a redire
Ce, qu'aultresfois elle auoit bien sceu dire.

Le debat de Phaeton,& de Epaphus.

OR maintenant en Déesse honorée
Elle est du Peuple en Egypte adorée.
Parquoy en elle Epaphus on pourpense
Estre engendré de la noble Semence

Le Premier Liure

De Iuppiter: et brief, en lieu certain
Cestuy Epaphus a ses Temples haultains
Faictz a l'honneur de son Pere, & de luy.
   Or en ce Temps vray est, qu'a icelluy
Estoit egal de cueur, d'aage, et puissance
Vng, qui auoit du Soleil prins naissance
Dict Phaeton: qui iadis deuisant
De ses grands faictz, & honneur non faisant
A Epaphus, en gloire se mettoit,
Dont le Soleil son propre Pere estoit.
   Ce que Epaphus ne peult pas bonnement
Lors endurer, & luy dit plainement.
O pauure sot, tu mectz foy, & credit
A tout cela, que ta Mere te dit:
Et te tiens fier, et louanges retiens
D'ung Pere fainct, qui (pour vray) ne l'est riens.
   Lors Phaeton rougit de ouyr ce dire,
Et refraignit de vergongne son ire.
Puis s'encourut a Clymene sa Mere
Luy rapporter l'iniure tant amere,
Et si luy dit. Chere Mere, au surplus
Cela dequoy tu te doys douloir plus,
C'est, que rien n'ay repliqué sur l'iniure:
Car quant a moy ie suis de ma nature
Doulx, & courtoys: & l'aultre insupportant,
Et oultrageux: mais i'ay honte (pourtant)
Dont tel opprobre on m'a peu imputer,
Et que sur Champ ne l'ay sceu confuter.
   Dont si crée suis de Ligne Celeste,
Monstre a present le signe manifeste
D'ung Genre tel tant digne, & precieux,
En maintenant, que ie suis des haultz Lieux.
   Ces motz finir, ses deux Bras auança,
Et de sa Mere au Col les enlassa,
La suppliant par son Chef tant chery,

De la Metamorphose d'Ovide.

Et par celluy de Merops son Mary,
Et en l'honneur des Nopces de ses Soeurs,
De luy donner signes certains, et seurs
De son vray Pere. En effect a grand peine
Scait on, lequel a plus esmu Clymene,
Ou le prier par son Filz proposé,
Ou le despit du reproche imposé.

Les Bras au Ciel lors tendit, & leva,
Et regardant le Soleil, elle va
Dire ces motz. Par la Lumiere saincte
Des luysans Rays environnée, & ceincte,
Qui nous voyt bien, & qui entend noz Voix,
Je iure, Filz, que ce Soleil, que voys,
Et qui le Monde illumine, & tempere,
T'a engendré, et que c'est ton vray Pere.

Si menterie en mes propos ie metz,
Je me consens, qu'il face, que iamais
Je ne le voye, et que ceste lumiere
Soit maintenant a mes yeulx la derniere.

Or tu n'as pas grand affaire a congnoistre
La demourance a ton Pere, & son estre:
Car la Maison, dont il se lieve, & part,
Est fort voysine a nostre Terre, & Part.
Si aller la tu desires, & quiers,
Pars de ceste heure, & a luy t'en enquiers.

Quand Phaeton de sa Mere eut ouy
Ung tel propos, soubdain fut resiouy,
Tressault de ioye, & se promect soymesmes
Les plus haultz dons des Regions supremes.

Brief, son Pays d'Ethiope il traverse,
Et les Indoys gisans soubz la diverse
Chaleur du Ciel: & promptement de la
En la Maison de son cler Pere alla.

fin.

www.ingramcontent.com/pod-product-compliance
Lightning Source LLC
LaVergne TN
LVHW022208080426
835511LV00008B/1645